AF415632

Ce livre est destiné à :

....

Comment tout a commencé ?

6"X5"

PHOTO

1 CONDUISEZ JUSQU'À L'ENDROIT OÙ VOUS VOUS ÊTES RENCONTRÉS ☐

2 Où êtes-vous né ? Allez-y :

.... ☐

.... ☐

3 Passe un autre premier rendez-vous - où s'est déroulé votre premier rendez-vous ?

.... ☐

4 TOUT LE MONDE A DROIT À UN POINT SOUHAIT :

.... ☐

.... ☐

5 **Allez faire la fête ensemble et commandez une bouteille de champagne** ☐

6 DITES-VOUS UN SECRET DE LA ENFANCE ☐

7 Passe une nuit en plein air ☐

8 ALLER À LAS VEGAS ENSEMBLE ? C'EST PARTI POUR LE ROCK AND ROLL ! ☐

9 PASSEZ UNE JOURNÉE AU LIT – NU SI VOUS VOULEZ ☐

10 Avez-vous déjà dormi dans un igloo ? Non ? Alors il est temps ! ☐

Avec tout le plaisir que nous avons, nous n'oublions pas ceux qui ne s'amusent pas. Faites quelque chose de bien ! Allez au refuge, foyer pour enfants, etc. et aides.

□

12 — VOS DESTINATIONS DE VACANCES DE RÊVE ?

.... ☐

.... ☐

13 — **Faites vos valises.**
En voiture et en route ! Où aller ? Où aller
...le chemin vous mènera. ☐

14

À quel concert vouliez-vous aller
toujours ? C'est bien beau...
Aller à l'organisateur du concert
et réserver le prochain concert –
que vous le sachiez ou non !

☐

15 — QUAND AVEZ-VOUS écrit votre Lettre D'Amour pour La Dernière fois écrit ? Il était temps : ☐

16 QUAND AVEZ-VOUS écrit votre lettre D'Amour Pour LA Dernière fois écrit ? Il était temps : ☐

17 — Connaissez-vous les craintes des uns et des autres ? Qu'est-ce que c'est ? ☐

1.
....
....
....

2.
....
....
....

Vous savez ce qui va se passer ! Avoir vous faites avancer les choses ?

18

Tout le monde peut porter les vêtements de l'autre et alors vous sortez ensemble !

5"X4"

PHOTO

19 ESSAYEZ UNE NOUVELLE POSITION DU KAMASUTRA ☐

20 **Gravir une montagne ensemble** ☐

21 Aller camper ensemble ☐

22 Offrez-vous un massage en couple
ou apprendre à le faire
immédiatement ☐

Passez une journée ensemble
sans aucune technologie ! Non
Téléphone portable, pas de télévision, etc.
☐

Pouvez-vous vous rappeler votre
dernière Bataille d'oreillers ?
Maintenant vous aurez une expérience
de plus !
☐

À QUEL CONCERT VOULIEZ-VOUS ALLER
TOUJOURS ? C'EST BIEN BEAU...
ALLER À L'ORGANISATEUR DU CONCERT
ET RÉSERVER LE PROCHAIN CONCERT —
QUE VOUS LE SACHIEZ OU NON !

26 Chanter en duo dans un bar karaoké ☐

27 Souder des objectifs communs ensemble ! Choisissez un objectif sportif et maîtrisez-le ensemble ☐

....

....

....

28 Essayez de travailler sur un Hobby ☐

29 Trois ADJECTIFS QUI FONT DE VOTRE PARTE-nAIRE DÉCRIRE ? ☐

1.

2.

30

Votre PLUS GRAND commun
Une montée D'ADRÉNALINE ? ☐

5"X4"

PHOTO

31 PRENEZ AUSSI VOTRE PETIT DÉ-
JEUNER AU LIT. ☐

32 Vous dire le plus grand désir sexuel ☐

1.

2.

33 COUVREZ VOS YEUX ET NETTOYEZ-VOUS LES UNS LES AUTRES DENTS ☐

34 Se Donner Des surnoms

.... ☐

.... ☐

35 Prenez un cours de danse ensemble et montrer aux autres ce que vous avez appris Dancemoves ☐

36 TOUT LE MONDE CRÉE UNE PLAYLIST AVEC SON CHANSONS PRÉFÉRÉES ☐

37 ALLEZ AU CINÉMA ENSEMBLE ET LAISSEZ LE CAISSIER CHOISIR LE FILM ☐

38 Préparer un panier-repas pour l'autre personne travail terminé ☐

39

Faites un dessin de votre partenaire ☐

5"X4"

PHOTO

40

Faites un dessin de votre partenaire ☐

5"X4"

PHOTO

41

PArLEZ DE VOtRE AVEniR Et DE CE QUE VOS OBJECtifS COmmUnS SOnt LES SUiVA-ntS ☐

1.

2.

3.

42

Se saouler ensemble ☐

43

Un baiser sur le
La grande roue ☐

5"X4"

PHOTO

44 Qui, Dans votre cercle De connaissances, entretient ce que vous considérez comme une excellente relation ? Interrogez-les et Demandez le top 5 Conseils : ☐

1.
....

2.
....

3.
....

4.
....

5.
....

45 BAMAU ETINEN BONHOMME DE NEIGE ☐

46 Ensuite, il est temps De faire un Bataille De Boules De neige ☐

47 Aller au sauna ensemble ☐

48  Choisissez un record du monde
et tente de l'imiter ☐

49 le voyage en tandem ☐

50 C'est l'heure du Monopoly ☐

 **51** **Dites "Je t'aime" Le 12 Diverses Langues** ☐

52 Crée une Cocktail ☐

....

....

....

53

Êtes-vous allé à L'Asie ? ☐

5"X4"

PHOTO

Qu'en est-il de L'Afrique de ? ☐

5"X4"

PHOTO

55 Enterrez un trésor pour votre
Enfants ☐

56 **S'intégrer ensemble
Meubles sur** ☐

57 Parlez de vos souhaits les plus chers ☐

58

Un costume de couple pour Carnaval ou Halloween ☐

5"X4"

PHOTO

59 FAITES VOS COURSES ENSEMBLE ET CHACUN ACHÈTE UNE PIÈCE POUR L'AUTRE ☐

60 Aller ensemble à la conférence de Munich Oktoberfest ☐

61 Tout le monde cuisine pour tout le monde une fois ☐

62   Réciter un poème ☐

63 Réciter un poème ☐

64

Une fois ensemble sur la Tour Eifel ☐

5"X4"

PHOTO

65 PLANTER UN ARBRE – PAS SUR VOTRE VILLE D'ORIGINE ☐

66 Allez cueillir des champignons ensemble ☐

67 Un pique-nique ensemble ☐

68 *Tout le monde prend plus d'une semaine longtemps le travail ménager de l'autre* ☐

69 Écrivez 10 raisons pour lesquelles vous aimez votre partenaire ☐

70 Écrivez 10 raisons Pour Lesquelles vous Aimez votre PArtenAire ☐

71 REGARDEZ-VOUS 10 MINUTES SANS POUR DIRE QUELQUE CHOSE – ARRÊTE LE TEMPS ☐

72 Se regarder pendant cinq minutes et rire ☐

73 Aller au zoo ensemble ☐

74 ALLER À L'AQUARIUM ENSEMBLE ☐

75 ÊTES–VOUS ALLÉ À
LA MER ? EN ROUTE VERS LE NAVIRE ☐

76 SUIVEZ UN COURS DE CUISINE
ensemble ☐

77 Convient à un enfant pour une
journée votre cercle d'amis ou
La famille ensemble sur ☐

78 Baiser avec l'haleine du matin ☐

Faites vos valises - nous allons à la Aéroport ! Quel est le prochain vol ? Je vais le réserver ! ☐

5"X4"

PHOTO

80 FAITES VOS VALISES – C'EST PARTI POUR L'AÉROPORT ! QUEL EST LE PROCHAIN VOL ? JE VAIS LE RÉSERVER ! ☐

81 Attendre au cinéma jusqu'à ce que le générique soit sorti est terminée et ensemble, nous sommes les derniers à quitter la salle ☐

82 Se rend à un mariage en couple ☐

82

Loue une décapotable
et apprécie la
Coucher de soleil

☐

Fait une
Séance photo ☐

5"X4"

PHOTO

84 CUISINER THAÏLANDAIS ENSEMBLE ☐

85 Apprenez à votre partenaire quelque chose qui il n'est pas encore en mesure ☐

86 Allez dîner et faites-vous plaisir un menu à 3 plats ☐

87 PASSE UNE JOURNÉE À LA PARC D'ATTRACTIONS ☐

88 Décrivez votre Partenaire AVEC 5 ADJeCtifs ☐

1.
....

2.
....

3.
....

4.
....

5.
....

89 Décrivez votre Partenaire avec 5 adjectifs ☐

1.
2.
3.
4.
5.

90

Aller ensemble
Snorkelling ☐

5"X4"

PHOTO

Regardez une ville
du haut vers le bas ☐

5"X4"

PHOTO

**Pendant un mois,
un compliment quotidien** ☐

93 ENREGISTREMENT DANS UN HÔTEL DE LUXE 5 ÉTOILES ☐

94 Commander de la nourriture et regarder plus votre série préférée ☐

95 Remplir un objectif commun rêve ☐

96 Demandez à vos meilleurs amis un point pour votre liste de choses à faire avant de mourir ☐

....

....

97 EST-CE QUE VOTRE EIHLTRE NRONC. HW EARSL MEBÜESNS ? ☐

....

....

98 UN DOUBLE RENDEZ-VOUS ☐

99 Joue au minigolf ☐

100 Sort avec un look de partenaire ☐

101

Embrassez dans le nouvelle année

5"X4"

PHOTO